D1718964

Geest-Verlag

Verlag für engagierte Literatur

Dieses Buchprojekt entstand
mit freundlicher Unterstützung
der Tierklinik LESIA in Düsseldorf, Adlerstraße

GÜNTER NUTH

ICH HAB' DICH ZUM FRESSEN GERN!

BALLADEN
ÜBER DAS BIZARRE LIEBESLEBEN
DER TIERE

ZEICHNUNGEN VON
HANS WERNER ABELE

Nuth, Günter
Ich hab' dich
zum Fressen gern!
Balladen
über das bizarre Liebesleben
der Tiere
Zeichnungen von
Hans Werner Abele
Geest-Verlag 2012

© 2012 Geest, Vechta
Lange Straße 41 a, 49377 Vechta-Langförden
Tel. 04447/856580
Geest-Verlag@t-online.de
www.Geest-Verlag.de

Druck: Geest-Verlag
Alle Rechte vorbehalten

ISBN 978-3-86685-363-8
Printed in Germany

INHALT

Und tierisch heiter geht es weiter

AMEISEN

Zwei Ameisen im Urinal
genossen eheliche Pflichten
und paarten sich, obwohl mein Strahl
sie beinah drohte zu vernichten.

Gefasst und zielvoll schutzbefohlen
bewegte ich das kleine Stück,
und stöhnend bringt das Atemholen
mich in Entspannung, sie ins Glück.

Vier Lehren sind leicht zu ermessen.
Dass erstens wir – um uns so ganz
im Höhepunkt – die Welt vergessen,
und zweitens, Beischlaf-Toleranz
uns zwingt, das Ziel zu überdenken,
und drittens, die Gefahr zu spüren,
wenn wir uns gerne andern schenken.
Die Sehnsucht, viertens, in uns schüren,
nicht diesen Traum mehr zu verschieben,
uns unterm Wasserfall zu lieben.

Ich habe ihre Intimsphäre
und auch das Ende wohl gefühlt.
Trotzdem da noch ein Restduft wäre,
hab ich um sie nicht nachgespült.

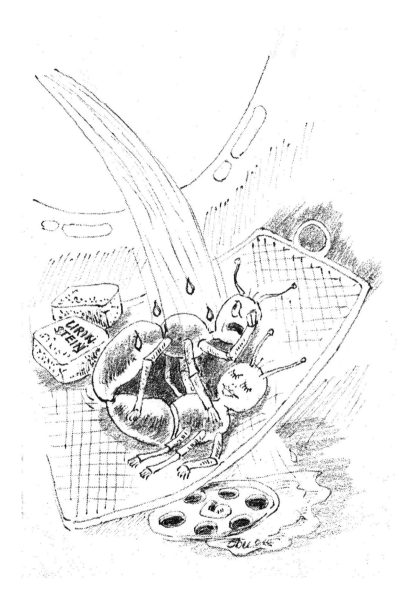

BIENEN

Es ist schon toll, was wir so sagen,
wenn uns die Kinder kichernd fragen,
wie Mann und Frau sich zärtlich lieben –
und wir's auf alle Bienen schieben.

Sie fliegen und bestäuben Blüten –
ganz Liebe pur und kein Verhüten,
und dann kommt plötzlich was heraus.
Die Wirklichkeit sieht anders aus!

Begleiten wir jetzt Stefan Summ,
er fliegt schon eine Stunde rum.
Der Stress liegt ihm im Drohnenmagen,
muss hundert Konkurrenten schlagen.

Er beißt sich durch, ist gleich am Ziel,
dem Stefan Summ ist nichts zu viel.
Vorbei an all den Nimmersatten,
jetzt darf er einmal sie begatten.

Da schwebt er vor der Königin,
er ganz allein darf zu ihr hin
und macht sich frei zum Rendezvous –
von rechts winkt Biene Maja zu.

Er sprengt beim Kuscheln für die Brut
all sein Geschlecht, sein Hab und Gut,
in ihre Öffnung – welch ein Jammer!
Es füllt sich ihre Stachelkammer,

das sind Granaten voller Samen,
ganz gelb, die Stefan Summ erlahmen,
aus Haken, Krempen, Windungen.
Wo bleiben da Empfindungen?

Und nach dem Abschuss stopft er in
die Öffnung seiner Königin
ein schnell aushärtendes Sekret,
dass nur nichts hier verloren geht!

Der Akt ist wie 'ne Explosion,
ein paar Sekunden mit Hormon.
Was für ein Blitz-Geschlechtsverkehr!
Kommt da der Ausdruck Quickie her?

Den Höhepunkt im Bienenstall
begleitet ein dezenter Knall,
den können wir als Menschen hören.
Doch Liebe kann so viel zerstören ...

So schön der Akt auch war mal eben,
das zahlt 'ne Drohne mit dem Leben.
Jetzt gibt es Stefan Summ nicht mehr,
da hilft auch keine Feuerwehr!

Sie ist gefüllt, beglückt, putzmunter,
er fällt von ihr verstorben runter.
Im Höhepunkt er alles gab,
jetzt liegt er in 'nem Drohnengrab.

So sammelt unsere Königin
im Hochzeitsfluge mit Gewinn
die Männlichkeit der Flugbegleiter –
grad fliegt sie zu den nächsten weiter,

die alle ihr das Sperma geben,
das reicht ihr für ein ganzes Leben.
Sie flirtet an der Brombeerhecke
und Leichen bleiben auf der Strecke.

Es ist doch schön, statt ‚Frau' zu kränken,
wenn wir als Mann ihr alles schenken.
Der Preis ist hoch – wiegt viel zu schwer,
gibt's auch bei uns im Flugverkehr!

Ich bin auf all die Würmchen neidisch,
die glühen – hemmungslos geschmeidig –
im Akt fast 20 Stunden lang.
Das schaff' ich nie bei allem Drang!

Bei all dem Neid möchte ich betonen:
Ich liebe gern – doch nicht wie Drohnen!
Ich möchte nicht für meine Erben
sofort nach einem Quickie sterben.

Ich werde keinem Kind erzählen,
wie süß die Bienchen sich vermählen,
wie süß sie miteinander schlafen,
für Männer ist es wie ‚bestrafen'!

Wir sprechen von der Drohnenqual,
das erste ist das letzte Mal!
Ich find's brutal und nicht harmonisch –
das mit dem ‚süß gibt's nur beim Honig!

BÜCHERWURM

Ein Ephraim Lessing war einst der Erschaffer
– im Lustspiel von einem Gelehrten zu lesen –,
er schrieb dort zum ‚Bücherwurm' eine Metapher,
und ich schreib jetzt über das hungrige Wesen,
das gerne in Schriften auf Wanderschaft ist
und sich durch die Bände und Jahrbücher frisst.

Es ist gar kein Wurm, wie wir alle wohl meinen,
wenn wir seinen Lochfraß erspäh'n im Papiere.
Wie definiert man denn wirklich die Kleinen?
Nun, Klopf- oder Diebskäfer heißen die Tiere.
Sie sterben bald aus trotz der Buchfresserei,
die ganz fetten Zeiten sind für sie vorbei.

Denn früher, wo Pergament und Zellulose
das Material war für druckreife Sachen,
da gab es schnell die Bücherwurm-Diagnose,
der Einband aus Holz – man konnte nichts machen.
Heut halten die Käfer geschwächt nicht mehr mit
im Einsatz von Kohlenstoff und Disulfid.

Papier und die Pappen sind chemisch stabile
Produkte, die unserem Wurm nicht mehr schmecken.
So sucht er sich lieber die Möbel als Ziele,
und weil sie dick sind, kann er sich verstecken.
Vor zwei Tagen ging ich zur Bibliothek
und fand einen in seinem Rundhöhlenweg.

Saß schmatzend auf Seite einhundertunddreißig
mit ganz dicken Backen so kurz vorm Erbrechen.
Er schaute mich an und er kaute dann fleißig,
er wollte nicht mit vollem Mund zu mir sprechen.
„Peace, Bruder! Wir sind vom Aussterben bedroht!
Ich heiße Knut Knabber! Drückst du mich jetzt tot?"

„Und ich bin der Günter!", und bat ihn mal eben,
von sich zu erzählen, von Kindern und Frauen,
von Liebe und was ihn beschäftigt im Leben,
und wie viele Bücher könnt' er so verdauen?
„Ich schlüpf aus 'nem Ei!", so erzählte er dann,
„und bin eine Larve und noch nicht ein Mann!

Ich muss nun verschiedene Zyklen durchlaufen
und wachs' mit den andern auf in Krabbelgruppen!
Als große Larve kann ich dann verschnaufen
und mich unbekümmert in Ruhe verpuppen.
Dann siehst du mich nicht und – maßstabgetreu –
bin ich nach der Metamorphose ganz neu.

Ich drücke und kämpfe mich aus Puppenschalen,
seh' wieder das Licht dieser Welt – nun als Käfer.
Ich fress' mich durch Bibeln und Goethes Annalen,
bin hungrig und wirklich kein dösiger Schläfer.
Inzwischen da werd' ich geschlechtsreif so weit,
doch das mit den Frauen, weißt du, hat Zeit!

So acht bis zehn Jahr' werd' ich hungergetrieben
hier kauen und Pappdeckel überwinden.
Dann kommt meine Balzzeit, will einmalig lieben ...
'ne Frau musst du in all den Zeiten mal finden.
Ich wünsch' mir ein Treffen ganz spät in der Nacht
von Seite einhundert bis einhundertacht."

Ich fragte Knut: „Gibt's nur einmal die Paarung?"
Er nickte ganz traurig, konnt' die Tränchen kaum halten.
„Ja!", sagte er, „nach der Befruchtungserfahrung
legt sie alle Eier in Ritzen und Spalten.
Und ohne uns Eltern, allein, wie brutal,
schlüpft dann unser Nachwuchs im Bücherregal!

Ich fresse mich dann", sagte Knut unter Tränen,
„ins Freie und weiß schon, es ist mein Verderben,
will meine Bestimmung jetzt nicht groß erwähnen,
es ist so und werde kurz darauf sterben."
Ich war wie gelähmt, konnt' es gar nicht versteh'n.
Hast du mal 'nen Bücherwurm weinen geseh'n?

Ich fand es so schrecklich, was Knut mir erzählte,
und dass diese Käfer nur einmal sich paaren.
Da gibt es kein Testen, nur eine Erwählte,
und prompt sterben beide nach zehn Bücherjahren.
Natur sei Dank, dass nicht splitternackt
der Tod uns ereilt nach nur einem Akt!

Ich sagte zu Knut: „Werd' dich niemals vergessen!
Genieße – wie ich – die verbleibenden Jahre!
Du kannst jetzt von mir aus hier alles auffressen!
Viel Spaß in der staubigen Bücherschrankware!"
Den Friedensgruß zeigt er wie Winnetou.
Ich klappte das Buch mit ihm vorsichtig zu.

ELCHE

Weit hinter Oslo auf 'ner Bank
sitzt Vater Elch mit seinem Sohn,
und seine Nerven liegen blank
zum Thema Population.
Heut ist der Tag, ihm zu erklären,
wie seinesgleichen sich vermehren.
Sein Jüngster ist hier hoch im Norden
gereift und richtig groß geworden
und sollte langsam und diskret
erfahr'n, wie 's mit der Liebe geht.
Wie bei den Menschen zum Verkehr
tut sich der Vater ziemlich schwer.

„Wir werden uns jetzt von den Bienen,
von all den Storchenmärchen trennen
und Abstand nehmen halt von ihnen
und mal die Wirklichkeit benennen.
Es gibt vom Nordkap bis nach Schweden
ganz junge, hübsche Elchkuh-Frauen.
Das will ich heut mit dir bereden,
von Mann zu Mann ganz im Vertrauen.
Es lohnt sich immer all die Mühe,
denn mit Geruch lockst du die Kühe.
Das Wichtigste für dich als Mann:
Es kommt auf deine Nase an!

Die Fruchtbarkeit bei unseren Damen
beginnt normal im sechsten Jahr.
Das ist die Zeit, sie zu besamen,
ab zwölftem sind sie unfruchtbar!
Sie glucken oft im Wald gemeinsam
mit bis zu fünfzehn Teenies dort.
Such' sie, sonst bleibst du ewig einsam.
Mal steht sie auch an einem Fjord!
Im frühen Herbst mag sie das Paaren,
knapp sechzig Tage hast du Zeit.
Beeil dich, sonst wirst du erfahren,
dass es schnell kalt wird und schon schneit.

Geh' ruhig vierzig Kilometer,
um sie zu suchen, weil ich weiß,
's ist wie beim Liebesbarometer:
Halt ohne Fleiß gibt's keinen Preis.
Und hast du ihren Platz gefunden,
musst du ihn vorsichtig umrunden.
Dann stürmst du schnell aus dem Versteck
und jagst die ander'n Bullen weg.
Zeig ihnen klar als Egoist,
wer jetzt der Herr im Hause ist!
Und beiß' und kämpfe ungeniert,
auch wenn's die Frau'n nicht interessiert."

„Mensch, Papa", sagt der Sohnemann,
„das hört sich alles spannend an!
Erhofft, ich bin der beste Streiter,
wie geht's dann mit der Liebe weiter?"
„Du kannst dann, jetzt pass auf mein Sohn,
den Penis ohne Erektion
ein Stückchen weit hervorschau'n lassen,
das wird auch mit der Vorhaut passen!
Auf ihr sind Drüsen angebracht,
die mit viel Talg versehen sind.
Das reizt die Frau'n bei Tag und Nacht.
Jetzt gibt's nur eins: Nutze den Wind!

Wenn sie bereit für die Empfängnis,
dann lockt sie dich mit lauten Rufen,
wenn nicht, kommst du schnell in Bedrängnis,
sie tritt dich fest mit ihren Hufen.
Solch Anlockrufe, die betören,
sie kann man für das große Glück
drei Kilometer weit noch hören.
Mein Sohn, ich sag dir: Bell zurück!
Und darfst du, weil sie tierisch geil,
dein Maul dann auf ihr Hinterteil
anschmiegen in die Feuchtigkeit,
ist sie zur Paarung gern bereit.

Zieh deine Oberlippe rauf,
ihr Harn riecht so verteufelt gut.
Sie uriniert am Hinterlauf,
das steigert eure Liebesglut!
Jetzt leckst du sie an dem Geschlecht,
das mag sie, ihr ist alles recht.
Sie gibt jetzt alles zweifelsohne
und hat so süße Pheromone.
Vergiss das Fremdwort, merk' dir nur:
Sie riecht und setzt 'ne Liebesspur!
So kann sich euer Akt entfalten,
kannst du das alles hier behalten?"

„Ja klar, Papa, erzähl nur weiter,
sonst frag' ich dich ein andermal.
Du bist mein Liebeswegbereiter,
du machst mich elchemotional!"
„Hey, Sohn, wenn ihr dann hitzig seid,
springst du enthemmt auf ihren Rücken
und paarst dich mit Geschwindigkeit,
denn leider kurz ist das Entzücken.
Bei andern Tier'n geht's lang gestreckt,
bei uns wird nur ganz schnell gedeckt.
Zwei, drei Sekunden geht der Spaß,
dann stehst du wieder fest im Gras!

Dafür kannst du ganz oft am Tag
dich mit 'ner Elchkuh feurig paaren,
auch mit 'ner andern, die dich mag,
da gibt es kein Moral-Verfahren.
Wenn Menschen sich so etwas gönnen,
wie wir uns mehrfach paaren können,
dann müssen sie Tabletten schlucken.
Da kannst du gerade fragend gucken …
Nutz' einfach deine starken Glieder,
ist halt nur kurz, doch immer wieder!
Du bist der Elchheld im Revier
und unsere Damen danken 's dir.

Und jetzt, mein Sohn, mach' allen klar:
Du bist der Boss der Frauenschar!
Und es beginnt die Phase zwei:
Lock' noch mehr Kühe dir herbei!
Du schlägst mit deinen Vorderläufen
'ne Elchbrunftkuhle in die Erde
und wirst die Ränder überhäufen,
auf dass die Grube tiefer werde.
Du hockst dich hin und pieselst rein,
und ist die Kuhle fast gefüllt,
gehst du selbst in das Bad hinein,
wirst vom Urinduft eingehüllt".

„Hast du, Papa, das auch gemacht
und Mama damit angelacht?
Ich find' das eklig, dieses Suhlen,
gibt es nichts ander's, um zu buhlen?"
„Na klar, mein Junge, hundertfach,
sie wurd' von diesem Duft ganz schwach!
Mach's einfach, geh' da mutig 'ran,
sonst wirst du wirklich nicht zum Mann!
Die Frauen, die sich paaren wollen
und sich durch Lapplands Wälder trollen
und dich dann riechen, glaube mir,
sie laufen liebestoll zu dir!

Und wenn du richtig elchig bist,
dein Speichel voller Duftstoff ist ...
Der tropft dir übers Kinn zum Bart,
beschleunigt jede Liebesfahrt ...
Die Frauen lecken deine Schnute,
das ist für dich Genuss und Ehrung!
Dir ist so heiß und schön zumute,
vergiss dabei nicht die Vermehrung!
Und für die Kälber sorgt die Mutter,
sie gibt die Milch, besorgt das Futter,
da hast du gar nichts mit zu tun.
Paar dich und mittags würd' ich ruhn.

Die Menschen draußen lieben sich
ganz anders und absonderlich.
Sie müssen vor der Paarung duschen,
um ihren Duft ganz zu vertuschen.
Besprühen, weil nichts riechen soll,
sich dann aus einer Dose voll
die beiden Arme nebelgleich
und Deo im Intimbereich.
Mach' du das bloß nicht zum Vermehren!
Mehr kann ich dir auch nicht erklären,
jetzt weißt du, wo der Wind her weht
und wie bei uns die Liebe geht!"

Und Vater Elch legt seinen Arm
so liebevoll um seinen Sohn
und sagt: „Hey du, mit deinem Charme,
bin überzeugt, du machst das schon!
Wenn dir die Liebste offenbart,
dass sie den Akt will, küss' sie zart,
bis sie dann zitternd sagt: Oh welch
Genuss ist das, mich knutscht ein Elch!
Vollführ' den Waldsex und sei nett,
brauchst kein Viagra und kein Bett,
brauchst weder Licht noch Medizin ...
Die Liebe hat man im Urin!"

ERDBEERFRÖSCHE

Wenn rote Früchte süßlich reifen
und Pflücker unter Blätter greifen,
um Körbchen in Akkordarbeit
zu füllen, dann ist Erdbeerzeit.

Wir sehen vor uns Erdbeertorten
und Milcheiserdbeersahnesorten.
Wir übersehen, heiß geliebt,
dass es auch Erdbeer-Frösche gibt,

die laut, wie wir, mit Starallüren
ein zartes Liebesleben führen,
das vor uns liegt und just beginnt,
damit wir wieder schlauer sind.

Die Männchen können einsam wirken
in ihren Hoheits-Sperrbezirken.
Da ist kein Gleicher, der empört,
den lieben Nachbarfrieden stört.

Sie sitzen gern auf Blatt und Zweigen,
die sie saugnäpfig flink besteigen,
und haben völlig ungeniert
die Schallblasen laut aktiviert.

Bei Fröschen können nun mal eben
nur Männchen Laute von sich geben.
Sie rufen nach ihr mundgerecht ...
Jetzt mal im Ernst – find' ich nicht schlecht.
(oder?)

Sie muss gewiss gut auf ihn hören,
wenn er beginnt, sie zu betören
mit Quak-Gesang als Weiberheld.
Dann geht sie zu ihm, wenn's gefällt.

Er meint, sie hat nun Lust zum Paaren
und hüpft nach seinem Brunst-Gebaren
zwei Blätter weiter. Folgt sie ihm?
Wenn nicht, quakt er noch mal intim.

Wie schnell kann uns das auch passieren,
wenn zwei Verhalten kollidieren:
Erst seine Bagger-Schwerstarbeit –
nun ihre Unentschlossenheit.

Da kann mir schon im Übertreiben,
ein Frosch im Halse stecken bleiben!
Doch kehren wir ganz ohne Frust
zurück zur Erdbeerfrösche-Lust.

Wenn sie nun will – bei jedem Wetter –
und folgsam folgt auf seine Blätter,
dann streicht sie zärtlich aufgetaut
mit ihren Schenkeln seine Haut.

Sie schmusen, turteln und umfassen
sich inniglich. Und ausgelassen
vergnügen sie sich dergestalt.
Sie vögeln nicht. Sie fröscheln halt,

indem sie liebevoll verweilen
– ich widme ihnen noch vier Zeilen –
in einem Blattbett unvermischt.
So ist's! Sie kopulieren nicht.

Dann legt das Weibchen fest entschlossen
den Laich ab. Er fängt unverdrossen
mit Eifer die Besamung an,
bis er dann fertig ist als Mann.

‚Gelege' heißt die Nachwuchs-Stätte
mit ihrer Feuchtigkeitsstafette.
Tagtäglich gilt für sie und ihn,
es zu bewässern mit Urin.

Weil alle sechs bis sieben Tage
die Fruchtbarkeit als Neuauflage
beim Weibchen wiederkehrt, hat sie
'ne große Aufzucht-Kolonie.

Sie muss sich nach den Liebeswerken
die ganzen Brutplatzstellen merken
und kontrolliert mucksfröschchenstill,
ob eine Quappe schlüpfen will.

Sie hockt sich wartend ins Gelege
und spürt bei ihrer Säuglingspflege,
wenn eine Quappe taubenetzt
sich schnell auf ihren Rücken setzt.

Den Neuling bringt sie auf die Schnelle
im Huckepack zur Wasserquelle,
wo er, mit Tipps gleich überhäuft,
durch die Metamorphose läuft.

Und während sie bei den Kontrollen
die sucht, die Frösche werden wollen,
quakt er, weil er doch baggern kann,
schon wieder eine Neue an.

Ich lerne von den Erdbeerfröschen,
dass neben heißem Feuerlöschen
uns zartes Schmusen allesamt
auch ähnlich feuerrot entflammt.

Ein Weibchen kann im Lustbestreben
mit vielen Männern Sex erleben,
daheim, auf Wiesen, querfeldein,
er kann auch schon mal giftig sein.

Dann meidet sie ein Wortgeplänkel
und zeigt ihm ihre Froschen-Schenkel.
Die beißt er an. Macht Liebe satt?
Das steht auf einem andern Blatt.

Sie kuschelt sich mit Wohlbehagen
an ihn und wird behutsam sagen:
„Hör auf zu quaken jämmerlich!
Komm – sei kein Frosch und liebe mich!"

35

FLEDERMÄUSE

Wenn uns der Mond goldglänzend scheint
und eine Turmuhr gutgemeint
uns Menschen ihre Uhrzeit schlägt,
dann ist die Abendluft geprägt
vom Surren, Schwirren, Zischen, Schlagen,
vom Rauschen unterm Schieferdach
vom Flattern, Fliegen, Kratzen, Nagen.
Wer wird denn gerade hellewach?

Die Fledertiere ziehen los
und fliegen kreisend grandios
mit Echolot aus dem Versteck
und fressen uns die Mücken weg.
Sie jagen Fliegen, Motten, Läuse,
und heißen wirklich Fledertiere,
nur umgangssprachlich Fledermäuse,
so ist es, wenn ich recherchiere.

Es gibt neunhundertfünfzig Arten
und keiner muss mehr länger warten
auf den Aufklärungsunterricht
in meinem Fledermausgedicht.
Wir schauen in die Atmosphären
der kleinen Flieger momentan,
um einfach alles zu erklären.
Da fliegt zum Beispiel: Willi Wahn!

Sein Penis und der Hoden nun
verschrumpelt beide in ihm ruhn,
im Bauchraum, da verschwinden sie.
Er braucht zum Fliegen Energie,
dass nur nicht alle Kraft verpufft
im starken Widerstand der Luft.
Ich kenn ‚verschrumpelt in den Bauch'
bei dicken, nackten Männern auch!

Kommt Willis Paarungszeit heran,
dann schwillt doch wieder alles an
zu einer ganz enormen Größe ...
Da gibt sich Willi keine Blöße!
Er zeigt jetzt – und nichts bleibt intim –,
dem Flederweibchen sein Organ
und seine Freunde gaben ihm
den Hinternamen: Willi Wahn.

Es ist jetzt Herbst. Der Willi prahlt,
hat Susi Mondnacht angestrahlt.
Er fliegt sie an und will sie spüren.
Sie wird auch schwach, und sie verführen
'ne akrobatische Variante,
die ich bisher noch gar nicht kannte ...
Verkehrt' rum an der Decke baumelnd
mit Kopf nach unten liebestaumelnd.

Und manche seiner Mauskollegen
hängen an Ästen ganz verwegen
und paaren sich unangeschnallt ...
Und sie verlieren nicht den Halt.
Ich lass mich eigentlich nicht hängen
in Sachen Liebe sicherlich
und frag mich unter solchen Zwängen,
ist „Kopf-Nach-Unten" was für mich?

Nach ihrer Paarung folgert man,
jetzt wächst ein Embryo heran ...
und dann Geburt im Speichersaal.
Doch weit gefehlt – nichts ist normal!
Kein Ei wird reif! Befruchtung? Nein!
Bei Susi Mondnacht ganz allein
bleibt dann der Samen wohlbehalten
in ihr und kann sich nicht entfalten.

Sie und der Willi halten brav
jetzt erst mal ihren Winterschlaf.
Sie will nicht in der kalten Zeit
den Nachwuchs auf die Erde bringen.
Da schauen wir mit sehr viel Neid
könnt uns der Zeitpunkt so gelingen.
Sie aktiviert erst im April
die Spermien, weil sie es dann will.

Bis zu einhundertneunzig Tagen
kann sie den Samen in sich tragen.
Sie hat im Vaginalbereich
zwei Taschen dafür deckungsgleich.
Erst wenn der Frühling sie erschreckt,
wird dann ein Eichen aufgeweckt,
befruchtet und dann geht es weiter
auf Wanderschaft im Eierleiter.

Und Susi trifft sich ganz geschwind
mit Frauen, die auch schwanger sind.
Sie hängen ohne ihre Buben
zusammen in den Wochenstuben.
Und Willi Wahn dreht ungebunden
Insekten fressend seine Runden.
Nach sechzig, siebzig Tagen dann
naht der Geburtstermin heran.

Nun muss sie hängend sich bewähren,
nach oben pressen und gebären.
Sie muss – es darf ihr nicht missglücken –
jetzt in die falsche Richtung drücken.
Ein Flederjunges kommt zur Welt
und wenn sie 's in den Flügeln hält,
säugt sie es sieben Wochen lang,
dann zeigt der Nachwuchs Tatendrang.

Ich denk mit Schrecken an die Tücken
nach unten hängend aufwärts drücken.

Der erste Testflug folgt im Nu,
es winkt dem Vater Willi zu.
Die Susi übt im Abendrot
mit ihrem Kind das Echolot,
den Ultraschall und wie man dann
mit Kopf nach unten schlafen kann.
Und ist es groß und reif und stark,
dann fliegt es fort und ist autark.

Meist gibt's ein Kind bei Fledermäusern
pro Sommer – und sie leben lang –,
bald 30 Jahr an Turm und Häusern.
Und wie im Flug ein Bumerang
kehr'n all die Frau'n in Harmonie
zurück in ihre Kolonie.
Die Männer drängt es weiter fort,
sie mögen nicht nur einen Ort.

Für Willi kommt die Zeit der Jagd
und auch der Abschied, als er sagt:
„Hey, Susi Mondnacht, du mein Glück!
Ich komm im Herbst zu dir zurück
und möchte dich dann wieder lieben!
Wir fliegen himmelweit hinaus
und machen auf der Wolke sieben
'ne neue, süße Fledermaus!"

GIRAFFEN

Ich dichte gerne über Liebe
und von der Woll- und Kuschellust,
weil Worte über Sex und Triebe
die Fantasie dezent bewusst
erregen und beflügeln können,
um in dem tristen Alltag dann
sich neue Stellungen zu gönnen,
bei denen man entspannen kann.

Hier hilft mir die Natur mit ihren
bizarren Formen bei den Tieren.
Den Überblick mit langem Hals
haben Giraffen in der Balz,
denn bei den Tieren mit den Hufen
geht's nicht um Schreien oder Rufen.
Hier hilft nur, wenn sie ungeniert
für ihn genügend uriniert.

Ein langes Vorspiel zum Vereinen
ist unerlässlich für den Start.
Sie steht mit leicht gespreizten Beinen,
reckt sich in seiner Gegenwart,
zupft von dem hohen Baum die Zweige,
bewegt von rechts nach links das Kinn
und pieselt mit der Hintern-Neige
aus gut zwei Metern vor sich hin.

Und bei dem Pinkeln und dem Fressen
ertränkt sie beinah' unterdessen
zwei Tausendfüßler, die geschwind
der Sturmflut noch entronnen sind.
Das Wasser der Giraffendame
lockt ihn zur Liebes-Anteilnahme.
Er spürt die Brunst, er sieht den Teich
und seine Knie werden weich.

Auch seine Zunge giert zu schmecken
den Liebessaft, so hält sie still.
Er weiß sie zärtlich abzuschlecken,
weil er sich doch vereinen will.
Sie kennt aus früherer Erfahrung
und auch als Frauenspezialist,
dass diese nun gewollte Paarung
nicht nur ein Sexualakt ist.

Es ist ein Kraftakt mit dem Gatten,
er wiegt zwei Tonnen, die ermatten,
wenn er auf ihrem Rücken steht,
weil's wirklich nur im Stehen geht.
Denn würden beide lustgetrieben
sich bodennah giraffisch lieben,
dann wären sie leicht angreifbar
und: „Wohl bekommt's der Löwenschar!"

Giraffen haben nicht nur einen
sehr langen Hals, der ziemlich glatt.
Er trägt am Penis zum Vereinen,
der einen Meter Länge hat,
ein fingerähnliches Gebilde
mit dem er, hitzig motiviert,
das Weibchen erst mal sanft und milde
und später heftig stimuliert.

Sie paaren sich 'ne halbe Stunde
und während dieser Arbeitsrunde
im Nationalpark fällt ihr ein,
was sie nach dem Beisammensein
besorgen muss: Noch Bäume rütteln,
sich putzen, fressen, Beine schütteln.
Sie wartet, bis er Nachsicht zeigt
und endlich von ihr 'runtersteigt.

Die beiden Tausendfüßler haben
sich abgetrocknet in der Zeit
und schauen aus 'nem kleinen Graben
gebannt und auch mit etwas Neid
auf diese heiße Lang-Hals-Paarung.
Genießen diesen Augenschmaus
und spenden nach der Sex-Erfahrung
zweitausendfachen Fuß-Applaus.

Uns're Giraffin sucht sich Futter,
denn sie ist schwanger und von Mutter
ihr eingebläut, sie nie vergisst,
dass auch Geburt ein Kraftakt ist.
Sie muss im Stehen angemessen
– und nicht im Liegen! – druckvoll pressen.
Die Löwen gieren abgeschmackt,
das kennen wir schon von dem Akt.

So stürzen die Giraffenkälber
fast überfordert, etwas schlapp,
durch Mutters Pressen dann von selber
aus gut zwei Metern Höhe ab.
Sie schlagen auf, so frisch geboren,
sie schütteln sich den Kopf mal fit.
Sie stehen auf, sie spitzen Ohren
und laufen mit der Mutter mit.

Das Tausendfüßlerpaar indessen
hat den Geburtstermin vergessen.
Die beiden lieben sich allein
mit tausend Ärmchen unterm Stein.
Der Nachwuchs kann es kaum erwarten,
lernt im Giraffenkindergarten,
was man zum Überleben braucht
und wie das Herden-Dasein schlaucht.

Und dass ein Herz bei den Giraffen
sehr groß ist für den Körperbau.
Es muss das Blut nach oben schaffen
und kräftig pumpen ohne Stau.
Es lernen die gefleckten Kleinen,
dass auch beim Laufen irgendwann,
wenn man nicht aufpasst mit den Beinen,
es Hals- und Beinbruch geben kann.

Nicht nur bei Tieren gibt es Brüche,
das lerne ich. Und Männersprüche –
mit Einem-Meter-Penis-Neid.
Wann geben wir uns all die Zeit
für's Lieben – wie bei den Giraffen?
Was woll'n wir uns vom Halse schaffen?
Sie geben uns doch zu versteh'n
sich selbst von oben mal zu sehn.

Wenn von den Düften angetrieben
mein Herz schlägt heftig bis zum Hals,
dann möchte ich dynamisch lieben
so wie Giraffen – jedenfalls.
Ich würd' mit ihr im Stehen beben,
ganz lange, kraftvoll, ohne Schmerz,
und liebevoll ihr alles geben!
„Auch ich hab' so ein großes Herz!"

GLÜHWÜRMCHEN – DIE BESONDEREN KÄFER

Wenn nachts im Park die Lichter blinken,
beginn' ich langsam zu versinken
auf einer Bank mit Blatt und Stift
und kritzel' meine Überschrift:
‚Glühwürmchen' und erkenn' soeben,
die Namensgebung liegt arg daneben.
Es sind weder Würmer noch glühen sie
und zählen zu Käfern in der Biologie.

Wenn sie nicht glühen, wie können entstehen
die Lichtpunkte, die wir abends sehen?
Die Käfer erzeugen zur Korrespondenz
mit kalter Biolumineszenz
hellgrüne, gelbe Lichtsignale
für ein romantisches Geprahle,
um sich zu finden, welch Prozedur!
Sie fliegen blinkend – Erotik pur!

Wir finden sie in Wald und Garten.
Es gibt so ungefähr 2000 Arten
beleuchtete Käfer und – optimal –
für Mann und Frau je ein eigenes Signal.
Um eine Verwechslung zu vermeiden,
können sich Glühwürmchen unterscheiden,
weil, im Rhythmus der Blitze ausgewählt,
die Anzahl pro Sekunde zählt.

Addiert man sie einzeln auf den Wiesen,
die sie bevölkern, sind die Krisen
bei den Geschlechtern folgenschwer:
Zu viele Männchen! Siehe Feuerwehr!
Für 100 paarungsheiße Flieger
gibt's nur zwei Weibchen und zwei Sieger!
Da bist du gefragt in Vaterpflicht
als Mann mit heißem Gegenlicht.

Die Weibchen nachts auf den Wiesen liegen,
die meisten von ihnen können nicht fliegen!
Sie sind halt technisch untalentiert.
Und deshalb fliegen interessiert
die Männchen im Laufe des Abends die Runde,
so tausend Meter weit – Stunde um Stunde.
Rund 500 Blitze senden sie aus,
bis sie endlich ruft: „Komm zum Rosenstrauß!"

Im Sturzflug wird er bei ihr erscheinen.
Es dauert, wenn sich beide vereinen,
für eine Glühwürmchenfabrikation
bis zu 20 Stunden die Kopulation.
Wer kann den Reichtum der beiden ermessen?
Da hat die Natur uns etwas vergessen …
Fünf Tage nach der Liebesfeier
legt sie dann maximal 1000 Eier.

Manchmal vernehm' ich aus Kinderstimmen
in Liedern, dass Glühwürmchen glimmen ...
Wenn ich sie bemerk' in der Dunkelheit,
weiß ich um Liebe, um Leichtigkeit
und auch um den Stress, eine Frau zu finden,
und weiß um das Glück, sich zu verbinden.
Sie bringen die Lust ans Licht verliebt.
Ob es auch welche mit Blaulicht gibt?

Wenn Männer ihre Balz entfalten
und sich wie Glühwürmchen verhalten,
dann wollen sie leuchten und sie heben ab
und fliegen zu hoch und ermüden schlapp.
Sie schaffen nicht diese 20 Stunden ...
Die Dimension – oft nur – in Sekunden!
Sie hätten mit Falten und Bäuchen diskret
mal besser früher ihr Licht abgedreht ...

Wenn nachts im Park die Lichter blinken,
die Weibchen ihrem Liebsten winken
und Sex für beide liebevoll
sich stundenlang ereignen soll ...
Zum Akt sie auf die Wiese gleiten,
den Grashalm schützend über sich breiten.
Dann flüstert sie ihm wohlbedacht:
„Komm, mach das Licht aus! Gute Nacht!"

HAIE (AMMEN- ODER KATZENHAIE)

Ein Forscherteam aus Florida
verließ zu großer Fahrt den Hafen,
und drehte mit der Kamera,
wie Haie miteinander ‚schlafen'.

Die Männchen sollten wir bedauern,
sie schwimmen zu Frau Hai und lauern ...
und müssen, soll der Akt gelingen,
sie in die Paarungsstellung bringen.

Dafür schleicht sich als Steuermann
Herr Hai ganz langsam an sie ran.
Er muss geschickt sein, weiß ja auch:
Sie muss nach oben mit dem Bauch!

Erinnern wir uns kurz zurück
an jenes Lied mit Haifischzähnen
und Mackie Messer in dem Stück ...
Man muss Herrn Brecht hier mal erwähnen!

Denn unser Hai als Maulaufreißer
hat nicht nur scharfe, spitze Beißer.
Mit flachen Mahlzähn' in den Backen
muss er die Vorderflosse packen.

Und da sie zwei hat, nimmt er dann,
die erste, die er fassen kann,
und dreht Frau Hai, jetzt gar nicht dumm,
in ihre Rückenlage um.

Er wird mit ihr im Akt versinken,
und je nach Drehung, wie gemein,
setzt er den rechten oder linken
von seinen Penissen halt ein.

Er lächelt, ist heute links vereint
im Unterwasser-Rendezvous.
Er liebt sie und hat's gut gemeint.
Geht's auch mit rechten Dingen zu?

Und wenn er nicht den Biss verlängert,
lässt er sie aus der Haltung raus.
Sie schwimmt zurückgedreht, geschwängert,
‚ganzhailich' in das Meer hinaus!

Und wieder treibt ein Hai allein ...
Denkt glücklich an sein Liebesspiel.
Muss ich jetzt eifersüchtig sein?
Hat er da wirklich was zu viel?

Ich find' es gut und schön und schlicht,
wie die Natur mit Vaterpflicht
uns Männer hinterm Eichenblatt
nicht doppelt ausgestattet hat.

Nichts zum Verwechseln und sortieren,
nur auf ein Teilchen konzentrieren!
Mehr würd' beim Küssen und beim Tasten
uns überfordern und belasten.

Ich seh' im Liebesrausch charmant
den Hai für mich als Vorbildschwimmer.
Der Biss ins Ohr ist mir bekannt ...
nur mit der Drehung klappt's nicht immer!

HUMMER

Die Sonne scheint, ich sitze am Meer,
seh' Wellen in ständiger Wiederkehr.
Beginne mich spießig einzuölen,
schau auf die Felsen und ein paar Höhlen
und weiß, dass man vor sowie unter mir
bei Krebsen, Krabben und all dem Getier
sich für die tiefere Liebe trifft.
So nehm' ich die Blätter und den Stift ...

Wird' über den Unterwasser-Sex dichten,
den Hummer-Beischlaf für euch belichten.
Die Weibchen ergreifen da virtuos
die Initiative, es geht schon los!
Frau Hummer zieht durch die Höhlenwelt,
bis sie ihn findet, der ihr dann gefällt.
Sie winkt, doch ihm ist das erst mal egal,
das wird ein mehrtägiges Ritual.

Nach den Versuchen, den ungezählten,
vor dieser Höhle des Auserwählten
wird sie bald nervös, sie hechelt noch mehr
und wackelt den Panzer heiß hin und her.
Sie baggert sich hummerisch, er bleibt kalt,
das braucht alles Zeit, bis er was schnallt.
Wir kennen das aus dem Männerleben ...
Bis wir was begreifen, das dauert eben!

Die beiden nähern sich irgendwann
mit ihren Fühlern ganz vorsichtig an.
Sehr wichtig sind jetzt Chemiefaktoren ...
Und mit sensiblen Zellrezeptoren,
die tausendfach feiner die Sinne wecken
als unsere Organe fürs Riechen und Schmecken,
begegnen sich beide, berühren sich viel,
und stimmt die Chemie, kommt Liebe ins Spiel.

Die Höhle darf sie nach all den Tagen
jetzt erst betreten – ohne zu fragen.
Und weil sich beide erregt begehren,
so stupsen sie sich mit ihren Scheren
und necken sich sanft ununterbrochen,
das ist die Zeit der Flitterwochen.
Sind beide sicher, jetzt wird was daraus,
dann zieht sie für ihn das Hochzeitskleid aus.

Der Panzer beim Weibchen, wie ungerecht,
versperrt die Öffnung von ihrem Geschlecht.
Ihn stört so – will er sie nackt beschauen –
der Keuschheitsgürtel bei Hummerfrauen.
Sie stößt ihn ab und legt ihn daneben,
sonst wird es für sie den Akt nicht geben.
Das kennen wir auch zu Hause am Bett,
wenn sie sich herausschält aus dem Korsett.

Jetzt ist sie hilflos, verletzlich und weich.
Er wird sie beschützen, fast engelgleich.
Bewacht sie, versteckt sie im Hummerhaus,
sie härtet inzwischen ein wenig aus,
bis sie irgendwann auf den Beinen steht,
noch etwas wacklig, doch jetzt wird's konkret.
Sie winkt ihn zu sich, wird ihn erregen
und denkt an den Hummer-Kindersegen.

Der Nachbar Nemo schwimmt gerade vorbei.
Er war in der Seepflanzen-Gärtnerei,
hat Futter gekauft, sieht beide im Glück,
und zieht sich orangerot diskret zurück.

Die Woche ist um, jetzt dürfen sie's auch,
und paaren sich liebevoll Bauch an Bauch.
Dabei schenkt er ihr – unser Liebesheld –
ein Samenpaket, das sie in sich hält.
Nach so langem Flirt könnte man meinen,
dass sich die beiden ewig vereinen.
Ich hab's gelesen und rausgefunden:
Der Hummerakt dauert nur fünf Sekunden.

Ist nicht die Welt, aber jetzt mal in echt,
'ne Woche Vorspiel ist auch nicht schlecht.
Er wird sie in ihrer Situation
trotz dieser doch kurzen Kopulation
nicht gleich verlassen, sondern betreuen.
Sie kann sich noch sieben Tage freuen,
dass er sie beschützt in seinen Räumen,
da können Frauen oft nur von träumen.

Und Miesmuschel Friedhelm am Felsen halt
öffnet die Hälften und schaut durch den Spalt.
Das ist schon Neuland, was er grad' erspäht,
ist mittendrin in seiner Pubertät.
Darf er hier spannen? Ihm wird richtig heiß
beim Anblick von zwei schönen Nackedeis.
Herr Hummer bemerkt dies und denkt: Nanu,
jetzt mach ich mit Seetang das Fenster mal zu.

Die ganze Befruchtung nimmt ihren Lauf.
Sie knackt sich das Samenpaketchen auf,
das in ihr wartet, fängt an zu kramen,
verteilt auf all ihre Eier Samen
für neue Hümmerchen, gar nicht so dumm,
der Abschied naht, zwei Wochen sind rum.
Ihr Panzer wuchs auch wieder mit Bedacht
und hat ihr 'ne starke Figur gemacht.

Auch so eine Frau von einem Hummer
spürt gerade jetzt etwas Liebeskummer ...
Statt in einem heißen Topf zu kochen,
verbrachte sie schöne Flitterwochen.
Sie weiß, es ist Zeit, jetzt von ihm zu geh'n
und Nemo sieht beide umarmt dasteh'n,
wie er Hummerscheren eng um sie legt,
und sie ihm dann flüstert, was sie bewegt:

„Ich muss dir noch was im Wasser sagen ...
Du hast mich beschützt in all den Tagen!
Ich würd' jederzeit in den Verstecken
die Fühler dir sanft entgegenstrecken,
am Kopf und am Schwanz dich zärtlich beißen,
mich nur noch für dich in Schale schmeißen.
Ich dank' dir dafür, ich hab dich so gern!
Du harter Panzer mit weichem Kern!"

SEEPFERDCHEN

Seepferdchen starten ihr Liebesleben
wie der Mensch mit Umwerben heutzutage,
nur nicht so gestresst und treu ergeben
doch deutlich feuchter in der Meereslage.
Und für die Vermehrung kreiert die Natur
hier eine groteske Entbindungsstruktur.

Wenn er sie entdeckt zwischen Wasserpflanzen,
beginnt er mit seiner Schwanzspirale
sanft anmutig eine Balz zu tanzen.
Nach Tagen berühren sich zum Finale
die Bäuche des Paars im Liebesspiel.
Nicht - er gibt jetzt alles! Sie spürt das Ziel!

Denn für sie ist der Moment gekommen
die Eier in seinen Brustsack zu legen.
Sie werden bedachtsam aufgenommen,
das ist sein Job, der Fortpflanzung wegen.
Sie liegen wie Birnen eingebuchtet
bei ihm und werden sofort befruchtet.

Die Eieranzahl zum Wellenreiten
reicht nicht unserem Seehengst mit seinen Trieben.
Er wird ihr das Angebot unterbreiten
ihn abermals wild im Wasser zu lieben.
Wenn sie will, ist es gut, er schwimmt seinen Mann,
und wenn nicht, taucht er halt eine andere an.

Im ständigen Wechsel mit Partnerinnen
plagt er sich auf seiner Füllstafette
um viertausend Eier abzugewinnen
und dreht manch lange Balzpirouette.
Schon driftet von dannen die Liebesglut
und die letzte ab. Er hütet die Brut.

Beinahe ein Monat wird vergehen,
der Nachwuchs reift, will dem Beutel entweichen.
Und unter Verrenkungen, die wie Wehen
den weiblichen Säugetieren gleichen,
bringt der Vater die Jungen stramm zur Welt
unter Wasser. Allein. Ein kleiner Held.

Wenn Männer neidisch Worte verlieren,
dass sie niemals Kinder entbinden können ...
Sie mögen sofort zum Seepferd mutieren
und sich eine späte Schwangerschaft gönnen
im Meer ohne Brust und den Mutterschoß.
Für sie wird die Liebe wohl schwerelos ...

Ich werde als Mann und Held schweißblasser
im Blickfeld von tausend regulären
Geburten, und sollte unter Wasser
noch Luft holen und den Nachwuchs gebären?
Bin lieber im Kreißsaal, beinah' zu dritt
in zweiter Reihe und hechel' nur mit.

SILBERFISCHCHEN

Der Mensch mit Gefühlen und Intellekt
verehrt die Erschaffung der Welt mit Respekt
und kann charakterlos unangemessen
den Schwur auf die Tierliebe völlig vergessen,
nur weil ein paar Fische im Badewasser
ihn werden lassen zum Jäger und Hasser.
Sie sind nicht mit ihren Schwimmern verwandt
und werden trotzdem Silberfische genannt.

Sie leben bescheiden mit Unsauberkeit,
etwas Wärme, Feuchte und Dunkelheit.
Sie dürfen in unseren Fugen logieren,
herumflitzen und im Bad residieren.
Sie werden nisten und unverdrossen
zu ungeliebten Hausgenossen.
Ihr Lust-Höhepunkt ist nicht unbeschwert
und die Art der Vermehrung die Zeilen wert.

Die Männchen nutzen den Hinterhalt-Trick,
in dem sie die Weibchen bewusst mit Geschick
und ohne Rücksicht auf die Intimsphäre
hineinstolpern lassen in die Affäre,
um ihnen das Sperma beim Liebesleben
dann, wenn sie nichts ahnen, abzugeben.
Der Silberfischmann plant nun startbereit
seine List, und für die braucht er etwas Zeit.

Zunächst wird ein Weibchen auserwählt,
mit dem für ihn die Liebe neu zählt.
Er wird ihr lange nachspionieren,
um ihre Wege zu kalkulieren,
und vorauszuberechnen, an welcher Stelle
der Silberfischakt auf der Bodenwelle
vermutlich wird stattfinden. So triebhaft bedingt,
hofft er, dass nach Plan jetzt alles gelingt.

Sein Samenpaket deponiert er sofort
in Pyramidenform an jenen Ort.
Den wird er animalisch umschleichen,
sie soll ihm jetzt eigentlich nicht mehr entweichen.
Und bevor er als Spitzel am Wegesrand wartet,
er gekonnt eine weitere Heimtücke startet,
plant für den one-night-stand weit voraus
und legt fein gesponnene Fallstricke aus.

Das Weibchen ist schlau, es erahnt die Brisanz
und versucht, an ihm mit erhobenem Schwanz
vorbeizuziehen in Windeseile,
doch stolpert es über Fäden und Seile,
senkt zwangsläufig, weil die Beine erlahmen,
den Hinterleib auf das Paket mit dem Samen
und nimmt das Spermahäufchen auf.
So wird es trächtig im Hindernislauf.

Und während dieser Schwangerschaft
frag' ich mich beim Dichten ,fabel'-haft,
ob wir uns menschlich auch so entfalten
und ähnlich liebesverrückt verhalten?
Mit raffinierten Tricks und Tücken
den anderen zum Niederbücken
bezwingen, und alles geschieht doch nur
unter dem Deckmantel der Natur.

Die Männer spinnen gelegentlich
und stellen Fallen trügerisch
für Frauen auf, und sie spionieren
oft ihnen nach – und sie deponieren
manch' Samenpaket an verrückten Plätzen
zu ihrem eigenen Lust-Entsetzen.
Wie oft wird für beide im Vorspieltakt
ihr Schwanger-Werden zum Seiltanzakt?

Die Frauen versuchen erst mit Verstand,
das Spiel zu durchschauen ohne Liebespfand.
Sie fragen sich, ob sie vor dem Gebären
hineinstolpern müssen in die Affären,
und welche Chancen, wenn die Männer so spinnen,
da sind, um dem Labyrinth zu entrinnen?
Sie vertrauen der Liebe und ihrem Gespür,
können schwanger werden und gar nichts dafür.

Ein DNA-Test? Der Mann ist weg?
Doch schauen wir zurück auf den Silberschreck:

Wenn der Nachwuchs im Badewannen-Distrikt
das Licht der Kachelwelt erblickt,
erklärt die Mutter den Kindern soeben
im Silberfische-Familienleben,
wo Silikonfugen sich verbinden,
um alltäglich ihre Nahrung zu finden.
Sie geht mit ihnen nachts auf Tournee
und erklärt alle Tricks in Bad und WC.

Wenn wir sie bemerken eskaliert sofort
der Silberfischchen-Heuchelmord.
Gewissenlos können wir sie zerdrücken,
verjagen, zerquetschen in Spiegelschranklücken,
zerreiben, zermalmen, zerstampfen, zerspalten
und in Tempotüchern zusammenfalten
und dreinschlagen, durchdreh'n und folgenschwer
streuen wir noch Giftpulver hinterher.

Sie ahnen gehetzt auf der Flucht den Komplott
und wollen nicht aufs Silikon-Schafott
und der Hinrichtung möglichst zügig entfliehen.
Doch wir werden zum Krieg auf das Kachelfeld ziehen
und sie pressen, zerhacken, für immer verjagen ...
Können wir Silber bei Schmuck nur ertragen?
Es bleiben zurück im Fugenquadrat
tote Fische und das Blut einer Gräueltat.

Ein Silberfisch hat sich noch versteckt,
und er flitzt los, fühlt sich plötzlich entdeckt.
Er ist uns entwischt durch den Spalt auf die Schnelle,
japst hechelnd an der Abflussrohrschelle.
Und eine Nacht später im Abendschimmer
macht er sich erneut chic im Badezimmer
und stellt den Frauen beim Vermehrungslauf
erst nach und dann wieder Fallen auf.

Wir ahnen längst, wie unser Held
sich anstrengt für die Nachwuchswelt.
Er wird uns für Fugen- und Seifenschlieren
'ne Menge Kinder mit Spaß produzieren,
die dann, gut trainiert und noch etwas schneller,
in Duschen, Toiletten, Abfluss und Keller
uns bringen wieder mit Ignoranz
den quicklebendigen Silberglanz.

UND TIERISCH HEITER
GEHT ES WEITER

WIR WERDEN ZUM TIER

Wenn wir in Zorn und Wut geraten,
dann möchten wir mit rabiaten
und tierisch guten Fachausdrücken
dem andern gern zu Leibe rücken.

Wir lieben es im Niederschreien,
uns ein paar Namen auszuleihen,
und bleiben da fast konsequent
im Säugetiere-Sortiment.

Du Rindvieh, Schaf, du dumme Gans!
Du Esel, Sausack, Rattenschwanz!
Du Schweinehund, du Trampeltier!
Du Spatzenhirn, du heißer Stier!

Du Saubär, Affe, Känguruh!
Kamel, du Schwein, du blöde Kuh!
Du dummes Huhn, du Gockelhahn!
Du Elefant im Porzellan!

Es fällt uns leicht zurechtzustutzen
und ihre Namen zu benutzen.
Wie wär' es, wenn wir mal versuchen,
mit Tieren aus dem Meer zu fluchen?

Du miese Muschel, Hummerzange!
Du Auster, Flusskrebs, Wasserschlange!
Du Thunfisch, Krake, fette Qualle!
Delfin, Makrele, Giftkoralle!

Du linker Lachs, du Seeforelle!
Du Hammerhai, du Meersardelle!
Du Sägefisch, du Zitteraal!
Du olle Scholle, blauer Wal!

Für alle Tierfans und auch jene
aus der alternativen Szene
schlag ich jetzt vor, mal zu versuchen,
auf vegetarisch loszufluchen.

Du Rasenbeet, du Müslibrei!
Muskat, Leipziger Allerlei!
Du Rindenmulch, du Feldsalat!
Du Pusteblume, Blattspinat!

Du Fenchelwurzel, Rittersporn!
Du dummer Grünkohl, Samenkorn!
Du Rübenkraut, du Chicorée!
Du blöder Ayurveda-Tee!

Wen diese Tipps nicht weiterbringen,
weil sie als Fluch zu harmlos klingen,
dem sage ich hier ganz banal:
„Weißt du was? Du kannst mich mal!"

WIE DAS TISCH-TENNIS-SPIEL ENTSTAND

Frau Raupe Lisa wurde fetter,
denn damals fraß sie hundert Blätter,
um schmatzend ohne Schluckbeschwerden
doch flugs ein Schmetterling zu werden.

Gar stöhnend aus dem Eingeweide
erdrückte sie geschmeidig Seide,
und ihren längsten Faden sponn
sie sich zum Eigenheim-Kokon.

In ihrer Hektik selbstvergessen,
vergaß sie, ein Oval zu pressen,
und in der klebrigen Idylle
entstand halt eine runde Hülle.

Zwei Kinder, die auf Chinas Straßen
im Staube hockend Lychees aßen,
ergriffen dieses Unikat,
das rund am Strauch zutage trat.

Sie schlugen es mit dünnen Brettern
im Wechsel – und an Reisfeldblättern
erfanden sie auf Küchentischen
ein Spielfeld und ein Netz dazwischen.

Die Raupe musste kreisend schweben
und sich im Blindflug übergeben.
Für sie war somit in Shanghai
der Traum vom Segelflug vorbei.

Die Kinder stellten keine Fragen ...
sie liebten es, Klick-Klack zu schlagen,
und Zweifel waren rasch verschwunden –
sie hatten Ping und Pong erfunden!

Frau Raupe wollte gerne bleiben
und auch für sich Geschichte schreiben,
mutierte schnell mit Schwung und Drall
vom Schmetterling zum Schmetterball.

BIENEN – IN KURZFORM

Bei der Krone
sprengt die Drohne
Samenzone

Fällt zum Lohne
zweifelsohne
dann vom Throne

schadenfroh-ne?

Hai

An meinen Füßen schwimmt ein Hai
mal eben hier am Strand vorbei.
Bestell' 'nen Cocktail an der Bar,
was für ein Urlaub dieses Jahr!
Trink plötzlich zwei, vielleicht auch drei,
auf einmal bin ich selber high!

SEI KEIN FROSCH

Ein Laubfrosch sucht den Weg nach Hause,
weil er sich nachts verlaufen hatte,
und findet mit der Atempause
den Halt auf einem großen Blatte.

Wie kann ein Frosch in Krisenzeiten,
auf kalten Blättern unerfahren,
verwirrt mit Heimweh-Schwierigkeiten
sich einen kühlen Kopf bewahren?

Vom frischen Holzduft aufgehalten,
saugt er sich fest und haftet träge.
Zack! Wird er messerscharf gespalten
am kalten Blatt der Tischkreissäge.

So schwungvoll kann ein Blatt sich wenden ...
Man hängt zerrissen an Extremen!
Mir zeigt sein Rest in meinen Händen,
kein Blatt mehr vor den Mund zu nehmen.

BÜCHERWURM – NACHWORT

Ich hoffe, dass trotz des Computers im Leben,
wir weiterhin Schriften und Werke vollbringen,
Broschüren und Schmöker und Wälzer mal eben,
und all diese Schwarten und Schinken verschlingen ...
Und diese Art Bücherwurm, alt und modern,
die schmeckt mir. „Ich hab' dich zum Fressen so gern!"

Der Zeichner Hans Werner Abele

Am 14.05.1936 in Bad Honnef/Rhein geboren.
1961-1963 abgeschlossenes Studium an den Kölner-
Werkschulen. Zoologie-Studium im Kölner-Zoo.
1964 Beginn seiner freien künstlerischen Tätigkeit
1970-1990 Mitglied im KV Malkasten Düsseldorf
1972 Radierungen und Schnitte auf eigener
Druckpresse
1973 Mitglied im BBK Düsseldorf
2001 Reiseberichte und Kurzgeschichten
2003 ‚Afrika – ein Traum' im Verlag Köpfchen
2003 ‚Durch die Sahara 91/92', Verlag Zwiebelzwerg
2007 ‚Der Irbis-Wächter', Verlag traveldairy'